Anne Kuhnert

Mathematik ohne Zahlen

Zusammenhänge zwischen historischer und kindlicher Entwicklung mathematischen Denkens

Anne Kuhnert

Mathematik ohne Zahlen

Zusammenhänge zwischen historischer und kindlicher Entwicklung mathematischen Denkens

GRIN Verlag

Bibliografische Information Der Deutschen Bibliothek: Die Deutsche
Bibliothek verzeichnet diese Publikation in der Deutschen Nationalbibliografie;
detaillierte bibliografische Daten sind im Internet über http://dnb.ddb.de/
abrufbar.

1. Auflage 2008
Copyright © 2008 GRIN Verlag
http://www.grin.com/
Druck und Bindung: Books on Demand GmbH, Norderstedt Germany
ISBN 978-3-640-22465-4

ALICE-SALOMON-FACHHOCHSCHULE
Studiengang: **B.A.Erziehung und Bildung im Kindesalter**

SoSe 2008

Anne Kuhnert

MATHEMATIK OHNE ZAHLEN

**- Zusammenhänge zwischen historischer und kindlicher Entwicklung
mathematischen Denkens -**

GLIEDERUNG

EINLEITUNG

Der Mensch unterscheidet sich vom Tier, weil er sich die Welt ordnet, um sich in ihr zurecht zu finden. Er gebraucht Muster, katalogisiert und schafft Symmetrien. Beginnend bereits im Kleinstkindalter sortiert er und sucht in seiner Umwelt Ähnlichkeiten und Strukturen, die ihm Orientierung geben sollen. Hilfreich kann ihm dabei alles sein – bunte Becher, Steine, Äste, Knöpfe und viele andere Dinge, die eng mit seiner Lebenswelt verbunden sind. Spätestens aber dann mit Eintritt in die Schule wird aus diesem freien und spielerischen Umgang der Kinder mit Zahlen, Formen und Mustern ein vorgegebener Akt, meist beschränkt auf den Mathematikunterricht. Aus dem alltäglichen Umgang mit mathematischen Gesetzmäßigkeiten und Formen, wie sie für Kinder jeden Tag und überall erfahrbar sind, und ihrer Lust, mit Geometrie und Zahlen zu experimentieren, sie sogar zu fühlen oder anzufassen, wird eine *„Wissenschaft von [...] abstrakten Strukturen und logischen Folgerungen"* (vgl. http://lexikon.meyers.de/index.php?title=Mathematik&oldid=281212), die bei vielen Erwachsenen, die mit Mathematik vielleicht nur reines Abstrahieren und Rechnen verbinden, zu einer Vorstellung der *„trainierten Fertigkeiten [führt], die kaum mit der Spiel- und Lebenswelt der Kinder verbunden sind"* (vgl. Wollring 2006, In: Grüßing; Peter-Koop S.80). Denn dass kleinste Kinder bereits, auf ihre eigene Weise, mit Mathematik experimentieren und dass sie, wenn auch individuell auf unterschiedlichem Niveau, mathematisches Verständnis haben und dieses weiterentwickeln, ist für viele (Erwachsene) kaum zu glauben. Und so verwundert es nicht, dass eine gezielte Förderung von Kindern mit besonderer mathematischer Begabung als auch von Kindern mit erheblichen Defiziten selten schon rechtzeitig im Kindergarten beginnt, sondern meist erst in der Schule erkannt und aufgegriffen wird.

Ähnlich nun der kindlichen, allmählich und schrittweise anwachsenden Entwicklung mathematischen Denkens kann auch der historische Prozess der sich entwickelten Mathematik betrachtet werden, denn auch hier begann mathematisches Verständnis mit konkreten Anwendungen, wie der Viehbestandserfassung und der Landvermessung, bevor die daraus entstandene Wissenschaft zur abstrakten Forschung übergehen konnte. Die Ergebnisse dieser Anwendungen und Forschungen werden heute noch weltweit in Schulen und Universitäten gelehrt und sorgen unter

3

Kulturanthropologen und auch Pädagogen vermehrt zu kritischen Äußerungen. Hierbei ist besonders das Konzept der Ethnomathematik hervor zu heben, welches unterschiedliche mathematische Ideen, Vorstellungen und deren Gebrauch aufspürt und besonders in kultureller Hinsicht untersucht. Es *„kritisiert arrogante [...] Haltungen [...] der Industrieländer, die in Geringschätzung gegenüber dem Mathematikunterricht in anderen Teilen der Welt [...] zum Ausdruck kommen"* (vgl. http://www.sub.uni-hamburg.de/opus/volltexte/1997/5/html/232(Ethnomathematik).html#Zurentwicklung) und verweist auf die divergenten Herangehensweisen unterschiedlichster Kulturen an geometrische und arithmetische Zusammenhänge. Auch hier wird, sowohl von wissenschaftlicher Seite als auch von der breiten Öffentlichkeit, die Vielzahl mathematischer Anwendungen, wie sie bereits von Urvölkern gehandhabt wurden, eher als primitive Anpassung an geografische und gesellschaftliche Umstände betrachtet, denn als Verwendung konkreter Mathematik in seiner Komplexität.

Offensichtlich liegt nun hierin eine grundsätzliche und entscheidende Gemeinsamkeit der Ansätze der Ethnomathematik und des kindlichen Mathematikverständnisses: die offene und sehr weit gefasste Vorstellung, inwiefern sich mathematische Anwendungen konkret in der Praxis äußern und was in diesem Zusammenhang als mathematisch korrekt gilt. Sowohl kleine Kinder als auch die untersuchten Kulturen der Ethnomathematik sind in der Lage mathematische Operationen, wie vermessen, notieren, sortieren oder ordnen zu verwenden, ohne dabei Kenntnisse über den abstrakten Charakter der Mathematik zu haben. Und dennoch ist es Mathematik, dessen sie sich bedienen.

In der folgenden Ausarbeitung soll nun versucht werden, die Art und Weise, wie in beiden Ansätzen mathematische Entwicklung verstanden wird, zu analysieren und kurz darzustellen. Kritische Betrachtungen, die es vor allem in der Ethnomathematik bezogen auf die aus ihr resultierenden didaktischen Konsequenzen hauptsächlich in Latein- und Südamerika gibt, sollen jedoch bewusst ausgelassen werden, da diese zusätzliche Auseinandersetzung den hier gesetzten Rahmen sprengen würde.
Aufbauend auf den beiden unterschiedlichen Darstellungen über mathematische Vielfalt in seiner Praxis wird im letzten Teil der Arbeit kurz, anhand der sich heraus kristallisierten Gemeinsamkeiten und Zusammenhänge, nach praxisbezogenen Möglichkeiten der mathematischen Frühförderung von Kindern in Deutschland gesucht,

die sich an didaktischen Hinweisen und Vorschlägen der Ethnomathematik orientieren. Dabei wird Hauptaugenmerk auf die Frage gelegt, inwiefern Mathematik auch ohne die Verwendung von Arithmetik Mathematik sein kann – eben eine Mathematik ohne Zahlen.

1. HISTORISCHE ENTWICKLUNG MATHEMATISCHEN DENKENS

„Nur wer die Vergangenheit kennt, hat eine Zukunft."
Wilhelm von Humboldt (1767-1835)

Ein Versuch, die Ursprünge mathematischen Denkens auf einen genauen Zeitpunkt festzulegen, scheitert allein daran, dass sich grundsätzlich zwei verschiedene Annahmen gegenüber stehen, wann und wo die Anfänge der Mathematik zu finden sind. Denn grundsätzlich muss festgestellt werden, dass es an Dokumenten und Fundstücken aus der damaligen Zeit mangelt, die den Beginn mathematischen Denkens, wie wir es heute kennen und anwenden, belegen. Die immer noch am häufigsten vertretene Annahme, dass sich rund 4000 Jahre v. Chr. in Mesopotamien und 3000 Jahre v. Chr. in Babylonien und annähernd gleichzeitig auch in Ägypten erste mathematische Vorgehensweisen, die die Basis der heute weltweit anerkannten und praktizierten Mathematik sind, entwickelt haben, um beispielsweise den Bestand von Vieh, Land und Lohn zu erfassen, ist durch unterschiedliche Tontafeln und Papyrusrollen der einzelnen damaligen Kulturen bewiesen.

Die Sumerer in Mesopotamien interessierten sich bereits für Astronomie und konstruierten statisch korrekte Gewölbedecken in ihren Tempeln, während sich beispielsweise die Babylonier vornehmlich mit ebenerdigen geometrischen Zusammenhängen befassten, da diese beim Häuserbau und der Berechnung und Vermessung von Ackerland äußerst hilfreich und notwendig waren (vgl. www.mathematik.de/spudema/spudema_beitraege/stumpf/Wettbewerb_Spuren%20der%20Mathematik.html). Als eine der bekanntesten Errungenschaften ist in diesem Zusammenhang die von den Babylonier ca. 2000 v. Chr. verwendete Keilschrift, die mit unterschiedlich großen Holzkeilen in Tontafeln gedruckt wurde und mit der unter anderem geometrische Gesetzmäßigkeiten, wie der Volumenberechnung eines Kegelstumpfes, notiert werden konnten, die heute noch ihre Gültigkeit haben.

Auch die Ägypter gebrauchten Mathematik - hauptsächlich für das Vermessen von Land, da es in Nähe zum Nildelta entscheidend war, wo Ackerbau betrieben wurde und wo man das Land lieber brach liegen ließ. Bereits der griechische Historiker Herodot schrieb, *„dass 'geometria' im alten Ägypten benutzt wurde, um nach der Überflutung des Nils die richtige Aufteilung des Landes zu finden"* (vgl. Hansen 2006, Kapitel 2.1). Andere weitaus berühmtere Beispiele ägyptischer Mathematik- und Messkenntnisse sind die Pyramiden. Vor allem die Cheopspyramide in Gizeh, die größte Steinpyramide der Welt, zeigt durch ihre Messgenauigkeit mit nur 0.01% Abweichung bei den Seitenlängen der quadratischen Basis mit 230 Metern, wie ausgereift die mathematischen Fertigkeiten der Ägypter waren (vgl. http://de.wikipedia.org/wiki/Cheops-Pyramide).

Nach Sumerern, Babyloniern und Ägyptern begannen ca. 600 v. Chr. auch die Griechen Überlegungen zu mathematischen Verhältnissen anzustellen und heute immer noch geltende Gesetzmäßigkeiten zu entdecken, wie beispielsweise den Goldenen Schnitt - ein Wert, der sich ergibt, wenn zwei Strecken so im Verhältnis zueinander stehen, dass sich die größere zur kleinen verhält, wie die Summe aus beiden zur größeren, und der heute in Architektur und Kunst als das ideale Proportionsverhältnis gilt. Die bedeutendsten Repräsentanten mögen wahrscheinlich Euklid, Thales und Pythagoras sein, deren Lehrsätze immer noch fester Bestandteil jeden Geometrieunterrichts sind. Außerdem waren es die Griechen, die als erste *„nach [logischen] Erklärungen für natürliche Phänomene such[t]en"* (vgl. Hansen 2006, Kapitel 3).

Vom 9. Jahrhundert an bis weit ins 14. Jahrhundert n. Chr. waren neben den chinesischen und den indischen die arabischen Mathematiker führend in der Forschung und ebenso in der Entdeckung neuer Formeln. Die arabischen Mathematiker hatten einen wichtigen Anteil an Theorien zur Geometrie, Trigonometrie, Reihenlehre und in der Astronomie. Auch findet man hier den Ursprung des Wortes Algebra. *„Das Wort al-jabr bedeutet im Arabischen soviel wie 'Wiederherstellen', hier [...], die Wiederherstellung des Gleichgewichts in einer Gleichung, indem man auf eine Seite einen Term stellt, der auf der anderen Seite entfernt wurde"* (vgl. Hansen 2006, Kapitel 4.2).

Warum sich die Europäer erst viele Jahre später mit mathematischen Belangen befassten, ist noch ungeklärt. Aber erst im 10. Jahrhundert n. Chr. wurde durch Gerbert von Aurillac und seines Entwurfs eines Abakus' das Interesse für Zahlen und Formen geweckt (vgl. Hansen 2006, Kapitel 4.3). Nach und nach hielten die mathematischen Werke unter anderem der Griechen, Hindus und Araber Einzug in die neu entstehenden Universitäten Europas und wurden von Gelehrten, wie Leonardo von Pisa, besser bekannt als Fibonacci, übersetzt und bearbeitet. Die nach ihm benannte Fibonaccifolge 1, 1, 2, 3, 5, 8, 13, 21..., eine aufeinander folgende Reihe nicht negativer Zahlen, bei der jede Zahl die Summe ihrer beiden Vorgänger ist, ist zum Beispiel in der Natur von Bedeutung, denn *„[v]iele Pflanzen weisen in ihrem Bauplan Spiralen auf, deren Anzahl durch Fibonacci-Zahlen gegeben sind, wie [...] bei den Samen in Blütenständen"* (vgl. http://de.wikipedia.org/wiki/Fibonacci-Folge).

Ab ca. 1600 aber waren die europäischen Wissenschaftler von der Bedeutsamkeit der Mathematik besonders im Zusammenhang mit der Erforschung von naturwissenschaftlichen Phänomenen überzeugt und explosionsartig überrollten die revolutionären Ideen und Hypothesen, wie von Kepler, Kopernikus, Galilei, Leibniz oder Newton den europäischen Kontinent.

Die wissenschaftliche Beschäftigung mit Geometrie, Algebra, Trigonometrie und anderen in dieser Zeit neu entstandenen Bereichen der Mathematik, so wie sie heute auch an Schulen und Universitäten gelehrt werden, konzentrierte sich nun über die Jahrhunderte vermehrt auf den europäischen und nordamerikanischen Raum, wobei die Mathematik als solche immer abstrakter wurde. Berühmte wissenschaftliche Vertreter waren unter anderem die Brüder Bernoulli, Leonhard Euler, dessen Erkenntnisse auf dem Gebiet der Infinitisimalrechnung heute noch von großer Bedeutung sind, Carl Friedrich Gauss und Georg Cantor, der Begründer der Mengenlehre.

Diese anfangs erwähnte eine Möglichkeit der historischen Einordnung der Mathematik, die sich doch hauptsächlich auf die mathematische Entwicklung im europäischen und dem Mittelmeerraum konzentriert und sehr eng verbunden ist mit konkretem Zahlengebrauch und einer mehr oder weniger abstrakten Vorstellung von Geometrie, beweist die *„unbestreitbare kulturelle Dominanz des Westens"* (vgl. D'Ambrosio 2006, In: Spektrum der Wissenschaft, S.8). Denn weltweit beschränken sich die direkten mathematischen Anwendungen immer noch auf eben diese über Jahrhunderte entwickelten Methoden, die gegenwärtig in Europa und Amerika als die besten gelten und *„es [wird] der Eindruck vermittelt [...], daß Europa das Zentrum der Entwicklung mathematischer Ideen gewesen [ist]"* (vgl. http://www.sub.uni-

1.1. Ethnomathematik

Entgegen dieser doch sehr historisch einseitigen, eurozentrischen Darstellung stellt sich seit den 70er Jahren der Fachbereich der Ethnomathematik. Als einer der Gründerväter dieser Fachrichtung erklärt Ubiratan D'Ambrosio, Ethnomathematik sei ein Gebiet, das sich mit Mathematiken befasst, *„die sich in spezifischen natürlichen und kulturellen Kontexten entwickelt haben"* (vgl. D'Ambrosio 2006, In: Spektrum der Wissenschaft S.6). Denn so, wie es mehrere Religionen und mehrere Wertesysteme gäbe, könne es auch mehr als eine Art und Weise geben, die Realität zu erklären, zu verstehen und in ein System zu integrieren (vgl. ebd., S.9). Orientiert man sich an der Definition populärwissenschaftlicher Internetlexika, so untersuchen Ethnomathematiker grundsätzlich die Symbolisierung von Zahlen, Mengen und Verhältnissen, die Gliederung von Raum und Zeit oder andere auf mathematische Konzepte zurückführbare kognitive oder physische Praktiken wie Spiel, Tanz, Musik und rituelle Handlungen, in der Ordnung von Verwandtschafts- und Sozialbeziehungen, in Wirtschaft und Landwirtschaft, Handwerk, Kunst und Architektur (vgl. http://de.wikipedia.org/wiki/Ethnomathematik). Das Ziel dieser Forschung ist, *„die mathematischen Kenntnisse und die Formen der Anwendung und der Vermittlung von Mathematik in spezifischen Bevölkerungsgruppen deutlich zu machen"* (vgl. http://www.sub.uni-hamburg.de/opus/volltexte/1997/5/html/232(Ethnom athematik).html#Zurentwicklung). Beispiele für die frühe Anwendung von Mathematik in anderen Kulturen als der westeuropäischen können die Quipus (Knotenschnüre der Inkas), Kolams (indische Muster), oder auch die Stickarbeiten der Ureinwohner Nordamerikas sein. Der Vielfältigkeit der möglichen zu untersuchenden, zum Teil Jahrhunderte lang praktizierten Mathematiken sind keine Grenzen gesetzt, denn Ethnomathematik repräsentiere, laut führenden Wissenschaftlern des Fachbereichs, *„[...] multiple examples or ways to produce mathematics as an explanation for the plurality and contextualization of this science"* (vgl. Oliveras 1999, S.89). Diese Wissenschaft sieht sich als Gegenentwurf zu dem Eurozentrismus der Industrieländer und ihrer dominierenden Auffassung von richtiger Mathematik und ihrer historischen Entwicklung. Auch Ubiratan D'Ambrosio sieht die historische Entwicklung der Mathematik nicht ausschließlich so linear im europäischen und arabischen Raum

8

verlaufend, sondern spricht von einem weltweiten Formenreichtum mathematischen Denkens. „*Was wir Geschichte 'der' Mathematik nennen, vermeintlich die fortschreitende Verwirklichung eines einzigen und unveränderlichen Ideals, ist in der Tat [...] eine Mehrzahl in sich geschlossener, unabhängiger Entwicklungen[...]*" (vgl. D'Ambrosio 2006, In: Spektrum der Wissenschaft, S.7).

Innerhalb des Fachbereiches der Ethnomathematik gilt der in den 1950er Jahren im Kongo gefundene Knochen von Ishango als ältestes mathematisches Fundstück der Menschheit (vgl. Huylebrouck 2006, In: Spektrum der Wissenschaft, S.10). Hierbei handelt es sich um einen knapp 10 Zentimeter langen versteinerten Knochen unbekannter Herkunft, der aus drei Spalten mit Einritzungen besteht und am Ende mit einem Quarz versehen ist. Für die Ethnomathematik ist dieses zwischen 20 000 und 25 000 Jahre alte Objekt insofern mysteriös, als dass die damals in dieser Gegend lebenden Bantu-Völker nach heutigem Kenntnisstand keinerlei Werkzeuge gebrauchten. Außerdem erscheint der Knochen durch den eingearbeiteten Quarz als Gravurinstrument und das, obwohl die damalige Kultur der Bantus wohl über keine Schriftform verfügte. Zusätzlich ist bis heute auch ungeklärt, von welchem Tier der Knochen stammen könnte und was die waagerechten Einritzungen in den drei Spalten, die zum Teil mathematischen Charakter aufweisen, konkret bedeuten (vgl. ebd., S.11). Diese Kerben sind in unterschiedlichen Gruppen angeordnet, sodass man ihnen Zahlen zuordnen kann. Einige der Mathematiker sehen in den Zahlengruppen zahlentheoretische Spielerei, denn sie ergeben in der linke Spalte die Primzahlen zwischen 10 und 20 in aufsteigender Reihenfolge, in der mittleren Spalte nahezu verdoppelte Werte und in der rechten „*den Rhythmus' 10+1, 20+1, 20-1, 10-1*" (vgl. ebd.). Andere Wissenschaftler deuten dieselben Kerben als notierte Mondphasen eines Mondkalenders. Und auch Aufzeichnungen der Spielstände eines Spiels könnten die Ritzungen bedeuten. Grundsätzlich aber belegt der Knochen von Ishango, „*dass gewisse Afrikaner sich gerne mit Rechnereien vergnügen, so wie andere Geschichten erzählten, malen oder musizieren*" (vgl. ebd., S.13).

Inwiefern belegt jetzt aber dieser Fund die Theorie der Ethnomathematiker, Mathematik hätte sich nicht ausschließlich so linear und erst zu Zeiten der Babylonier und Ägypter entwickelt, wie allgemein angenommen? Im konkreten Beispiel des Ishango-Knochens beweist die relativ genaue Datierung des Fundes die Annahme der Wissenschaftler, dass es bereits vor mehr als 5000 Jahren angewandte Mathematik gab. Und ähnlich diesem gibt es, so Ubiratan D'Ambrosio, eine Vielzahl von mathematischen Entwicklungen weit vor der Zeit Babyloniens und Ägyptens, die nicht als *„verfehlte Bemühungen"* oder als *„nettes Kuriosum"* abgetan werden sollten (vgl. D'Ambrosio 2006, In: Spektrum der Wissenschaft, S.8). Denn bereits zu Urzeiten mussten die Menschen ihr Leben organisieren, sich auf die Tages- und Jahreszeiten einstellen und das abhängig von den kulturellen und geografischen Bedingungen, unter denen sie lebten. Die Ethnomathematiker verstehen diese verschiedenen Kulturtechniken, wie die der Landvermessung, der Lebensmittelverteilung oder der Verwendung von Kalendern, als *„sich unterschiedlich ausdifferenzierende[ ] Systeme der Organisation, der Quantifizierung und des schlichten Zählens [...]"* (vgl. ebd., S.6) und versuchen diese damals üblichen mathematischen Vorgehensweisen deutlich zu machen und sie vor dem Vergessen zu bewahren. *„Entdeckt man jedoch die traditionelle Mathematik verschwundener oder zur Bedeutungslosigkeit verurteilter Völker auf dem großen Schachbrett der Globalisierung wieder, so führt das zu einem vertieften Verständnis der Mathematik im weiteren Sinn"* (vgl. ebd., S.8).

2. MATHEMATISCHES DENKEN BEI KLEINKINDER

Kinder sind von Geburt an an Mustern, Strukturen und Formen interessiert und *„beschäftigen sich auch in alltäglichen Kontexten zu Hause und im Kindergarten mit informeller Mathematik"* (vgl. Grüßing, Peter-Koop 2006, S.150). In den gewöhnlichsten Dingen erkennen sie, ohne es benennen zu können, geometrische und arithmetische Strukturen und versuchen sie in ihrem Aufbau zu ergründen. Der Entwicklungspsychologe Jean Piaget, der bis zu seinem Tod 1980 noch wissenschaftlich auf dem Gebiet der Kinder- und Persönlichkeitspsychologie forschte, war sogar der Auffassung, dass *„ein Mensch [...] danach [strebt], Strukturen in zusammenhängenden und stabilen Mustern zu organisieren"* (vgl. Ginsburg, Opper 2004, S.40). Bereits im Alter von 2 Jahren beginnen Kinder, sich mit der Zahlwortreihe zu beschäftigen und etwa ein Jahr später haben die meisten Kinder schon Erfahrungen mit Raumbeziehungen und geometrischen Formen gemacht und ihre Kompetenzen mit Zahlen erweitert (vgl. Hasemann, In: Grüßing, Peter-Koop 2006, S.67). Außerdem entwickeln die Kinder in diesem Alter beispielsweise erstes mathematisches Verständnis für die Invarianz mathematischer Größen, welche sie anfangs durch Gegenstände und später auch anhand von Größen- und Mengenverhältnissen erfahren. Dieses Erleben mathematischer Zusammenhänge innerhalb der konkreten Phase geht erst im Vorschulalter allmählich in die abstrakte Phase über, sodass dann im Mathematikunterricht der Schule die *„ultimative Fähigkeit zum abstrakten Umgang mit Zahlen, Operationen, Formen, Größen [...] sowie Häufigkeiten und Wahrscheinlichkeiten"* (vgl. Grüßing, Peter-Koop 2006, S.157) von den Kindern erlernt werden kann.

Obwohl diese enormen kognitiven Leistungen der Kinder sehr wohl erstes mathematisches Denken und die Grundbausteine für späteres Abstraktionsvermögen sind und *„viele empirische Untersuchungen der letzten Jahre [...] eindrucksvoll [belegen], dass Vorschulkinder schon über verschiedene Kompetenzen im Zählen und Rechnen sowie im Umgang mit geometrischen Formen verfügen"* (vgl. Käpnick, Fuchs, In: Grüßing, Peter-Koop 2006, S.186), beurteilt die Mehrzahl der sie umgebenden Erwachsenen das Sortieren, Strukturieren und Systematisieren der Kinder als Spielerei und pure Ordnungsliebe. Denn Mathematik als solches *„wird häufig als das Ausrechnen elementarer und meist bedeutungsloser Tatbestände aufgefasst"* (vgl. Wollring, In: Grüßing, Peter-Koop 2006, S.80) und selten als eine Wissenschaft von Muster, Strukturen oder Formen, wie verschiedene Definitionen erklären (vgl. http://lexikon.meyers.de/index.php?title=Mathematik&oldid=281212).

Die folgenden Beispiele sollen Beleg dafür sein, inwiefern Kleinstkinder bereits kompetente Mathematiker sein können und welche verschiedensten Mittel sie nutzen, um sich weiteres Wissen anzueignen:

Abbildung 1

Das Mädchen (1,4 Jahre alt) sortiert ihr Brot auf dem Tisch in unterschiedlich große Stücke und versucht währenddessen, so die Vermutung, eine Reihe zu bilden. Hierbei sammelt sie erste Erfahrungen mit Gegenständen (Brot) im Raum und deren Lagebeziehungen zueinander.

Abbildung 2

Auch hier erweitert das Mädchen ihr Wissen über Verhältnisse und Beziehungen der Gegenstände zueinander, über den Raum, den diese Gegenstände einnehmen und auch über Mengen, denn sie steckt Holzteile unterschiedlicher Größe und Form in eine Plastikflasche und probiert, wie viele der Teile in diese Flasche passen.

Abbildung 3 und 4

Durch das Zerlegen des Holzsterns erwirbt das Kind nicht nur feinmotorische Fähigkeiten, sondern erfährt auch viel über geometrische Formen und wie durch das Zusammenwirken einzelner Teile ausgefallene Muster werden können.

Abbildung 5

Die Kinder (1,2 und 1,0 Jahre alt) stapeln die unterschiedlich großen Holzwürfel ineinander und erfassen so Größenverhältnisse und Volumina der einzelnen Holzwürfel.

Die Beispiele zeigen, wie vielfältig das Interesse kleinster Kinder an der sie umgebenden Umwelt sein kann und dass sie durch ihr spielerisches Tun mathematische Grunderfahrungen machen und *„mathematische Inhalte in der Regel zunächst auf* konkreter Ebene *selbstmotiviert oder angeleitet von anderen Kindern oder Erwachsenen erkunden"* (vgl. Grüßing, Peter-Koop 2006, S.157). Auf natürlichem Wege eignen sich die Kinder Wissen an, über das Verhältnis ihres Körpers im Raum beispielsweise oder die Vielfältigkeit geometrischer Formen und Muster in der Welt und der Natur. Vorschulkinder, zum Beispiel, zählen konkrete Gegenstände und vergleichen diese hinsichtlich ihrer Anzahl, sie setzen unterschiedliche Formen in Beziehung zu einander, sie messen, schätzen ab, erfassen und sammeln Daten und erzeugen sogar beim Basteln oder Malen verschiedenste Muster, wie eine Studie der Mathematikerinnen Meike Grüßing und Andrea Peter-Koop im Jahr 2005 ergab (vgl. Grüßing, Peter-Koop 2006, S.150ff.).

Umso wichtiger erscheint es da, dass *„[...] Kinder[n] im Kindergartenalter [...] [die] entsprechende[n] Möglichkeiten gegeben werden, um die angesprochenen Erfahrungsbereiche zu erweitern und zu vertiefen, sodass ihre natürliche Entwicklung gefördert wird [...]"* (vgl. Hasemann, In: Grüßing, Peter-Koop 2006, S.68). Mathematische Grunderfahrung im Kindergarten wurde bisher eher nur untergeordnet in Projekte und Alltag integriert, da kleinen Kindern oftmals das Verständnis für Zahlen und deren Gebrauch abgesprochen wird. Mathematik wird hierbei eher mit Arithmetik oder der Geometrie Euklids identifiziert, als mit den Ordnungsspielen und Sortierungen der Kinder. Dabei ist erwiesen, dass Kinder in der Bewegung und in Eigenmotivation besser lernen und schneller Zusammenhänge verstehen. Würde den mathematischen Kompetenzen der Kinder schon im Kleinstkindalter mehr Beachtung und vor allem mehr Bedeutung zugesprochen werden, könnte sich in der Diagnostik und mathematischen Frühförderung Grundlegendes verändern, denn im späteren Jugendalter auftretende Probleme und Defizite, wie sie im Jahr 2000 durch die Studie des Programme for International Student Assessment, kurz Pisa, eindrucksvoll öffentlich wurden (vgl. http://www.mpib-berlin.mpg.de/pisa/PISA_im_Ueberblick.pdf), sind auch in der Mathematik vermehrt zu finden. Demzufolge müsste es Aufgabe in der Frühpädagogik sein *„[...] eine gewisse Öffnung dafür zu schaffen, dass die frühe Begegnung mit Mathematik nicht einzig über die Zahlen und das Rechnen [...] geschehen sollte. Vielmehr sollte sie dadurch geschehen, dass man Formen und Gestalten begegnet und deren Eigenschaften und Strukturen handelnd erlebt [...]"* (vgl.

Wollring, In: Grüßing, Peter-Koop 2006, S.81), zumal die Entwicklung mathematisch-spezifischer Fähigkeiten der Kinder in diesem Alter eng mit genereller intellektueller Neugier und Wissensdrang verbunden ist (vgl. Käpnick, Fuchs, In: Grüßing, Peter-Koop 2006, S.198). Möglichkeiten einer Umsetzung, die eben solche Fähigkeiten fördert, gäbe es wahrscheinlich genug, denn da Kinder die Welt besonders in ihren Mustern, Formen und Strukturen wahrnehmen, könnten einerseits solche beobachteten mathematischen Momente, wie die vorhergehenden Abbildungen exemplarisch illustrieren, zum Anlass genommen werden, Mathematik nahe Äußerungen zu machen, indem man exemplarisch die Situationen beschreibt (vgl. Wollring, In: Grüßing, Peter-Koop 2006, S.81). Andererseits könnte man auch versuchen *„in das natürliche, spielerische Tun mathematische Gegenstände einzufügen"* (vgl. ebd.) oder Möglichkeiten zu schaffen, in denen die Kinder auf einfache Weise ganz nach Belieben sortieren und ordnen können. Grundsätzlich sollten bereits Kindertagesstätten stimulierend auf das mathematische Interesse der Kinder wirken, aber unter der Prämisse, *„dass Kinder individuelle Zugänge zu Zahlen haben oder unterschiedliche Rechenstrategienentwickeln"* (vgl. Käpnick, Fuchs, In: Grüßing, Peter-Koop 2006, S.186).

3. ZUSAMMENHÄNGE UND SCHLUSSFOLGERUNGEN

> *"Neugierig nach Mathematik im Alltag zu suchen und sie zu finden, das ist eine schöne Aufgabe, denn Mathematik ist Rhythmus, Musik, Tanz, steckt in Blumen [...] und im ganzen Universum. "*   (vgl. Hoenisch, Niggemeyer 2004, S.9)

In den beiden vorangegangenen Kapiteln wurde versucht die Vielfältigkeit und den Formenreichtum mathematischen Denkens heraus zu arbeiten, sowohl in ethnomathematischer Hinsicht als auch mit Blick auf Kinder im Kindergartenalter. In beiden Fällen wurde auf die Tatsache verwiesen, dass Mathematik *„nicht nur durch Arithmetik bestimmt ist"* (vgl. Wollring, In: Grüßing, Peter-Koop 2006, S.80), sondern auch mit alltäglichen Dingen verbunden ist. Sowohl die unterschiedlichen Kulturen, deren mathematischen Künsten sich die Wissenschaftler der Ethnomathematik widmen, als auch kleine Kinder machen sich die vorhandenen Mittel ihrer Umgebung zunutze um ihre Bedürfnisse nach Ordnung und System zu befriedigen. Resultierend

15

aus dieser Erkenntnis lassen sich nun Zusammenhänge erkennen, inwiefern mit unterschiedlichen und oftmals eher unüblichen Herangehensweisen an mathematische Vorgehensweisen, sowohl wissenschaftlich als auch erzieherisch, umgegangen wird. Noch wird der Ethnomathematik eher mit Misstrauen begegnet und *„[e]inige Kritiker halten die Beschäftigung mit [ihr] für nutzlose Spielerei"* (vgl. D'Ambrosio 2006, In: Spektrum der Wissenschaft, S.9). Und auch das Sortieren, Ordnen und Systematisieren von Kindern wird selten als erstes Herantasten der Kinder an mathematische Verfahrensweisen betrachtet, sondern ebenfalls als bloßes Spielen herabgesetzt. Und dennoch ist der Gebrauch von einfachsten mathematischen Elementen in beiden Fällen gegeben.

„Die Form, in der die Individuen intuitiv mit der Mathematik umgehen, hängt von ihrer Beziehung zur Umwelt, insbesondere von der Beziehung zu den Bildungsangeboten des jeweiligen soziokulturellen Kontextes ab. Dies ist eine der wichtigsten Prämissen für den Ausgangspunkt der Ethnomathematik" (vgl. http://www.sub.uni-hamburg.de/ opus/volltexte/1997/5/html/232(Ethnomathematik).html#Zurentwicklung). Übertragen auf kindliche Lernprozesse bedeutet das, dass der Umgang mit Mathematik, aber auch mit Sprache oder den Naturwissenschaften, stark abhängig ist von dem Bildungsangeboten, welche die Kinder in ihrem Elternhaus und in den Kindertagesstätten nutzen können. Dabei müssen Eltern und ErzieherInnen nicht unbedingt auf das Angebot der unterschiedliche Fördermaterialien im Handel zurückgreifen, wie die oft verwendeten und beliebten Lück-Kästen oder Montessori-Lernmittel, sondern können den Kindern einfachste Gegenstände anbieten, mit denen sich Mengen, Zahlen, Abstände und Raumbeziehungen ebenso gut erfassen lassen. Stapelbare Becher, unterschiedlich lange Hölzer, verschiedene Gefäße, Bohnen, Steine, und in Bezug auf jahreszeitlich bedingte Projektarbeit auch Kastanien, Eicheln und Bucheckern stehen exemplarisch für die Vielzahl der Ressourcen, die vorhanden sind, aber meist nicht mit mathematischer Förderung verbunden werden. Ebenso wie die, durch die Ethnomathematik erforschte Möglichkeit des Zählens der Inkas durch ihre Knotenschnüre (Quipus), könnten auch Kinder im Rahmen ihrer Fähigkeiten eigene Modelle der Zähltechnik entwickeln, die dann im Kindergarten festgehalten und für später dokumentiert würde, denn *„[m]anchen Kindern fällt offenbar das 'konkrete' (Ab-)Zählen unter Verwendung von Material leichter als das Aufsagen der Zahlwortreihe, das ein rein mentaler Prozess ist"* (vgl. Hasemann, In: Grüßing, Peter-Koop 2006, S.68). Bei Eintritt in die Grundschule hätten die LehrerInnen so die

Gelegenheit, die von den Kindern selbst entwickelten Modelle des Zählens und Messens aufzugreifen und darauf innerhalb ihres Lehrplans aufzubauen.

Die Beschäftigung mit der Ethnomathematik und einer Mathematik ohne Zahlen bietet Eltern und vor allem Pädagogen einerseits die Möglichkeit, andere ungewohnte mathematische Methoden unterschiedlichster Kulturen kennen zu lernen und die Augen zu öffnen, für bereits vorhandene arithmetische oder geometrische Kompetenzen ihrer Kinder, die die Basis sein können für späteres angeregtes Lernen im Mathematikunterricht. Auch wenn die Notwendigkeit einer mathematischen Förderdiagnostik schon im früher Kindesalter außer Frage steht, kann es manchmal schon ausreichend sein, die Kinder durch einen Ressourcen orientierten Blick bei ihren alltäglichen Beschäftigungen im Sinne der „Mathematischen Bilderbücher" von Meike Grüßing und Andrea Peter-Koop (vgl. Grüßing, Peter-Koop 2006, S.150ff.) zu beobachten um Stärken, Talente oder Defizite festzustellen. Letztendlich geht es darum, die Begeisterung, die Kinder von klein auf für Mathematik aufbringen, nicht abklingen zu lassen, sondern weiter zu stärken und sie in ihrem Tun zu motivieren. Andererseits ist es besonders der Gedanke der Vielfalt und Verschiedenheit, der die Ethnomathematik charakterisiert und der bei Kindern, Eltern, ErzieherInnen und LehrerInnen dazu führen kann „[...] die intellektuellen Erfolge fremder Zivilisationen, Kulturen, Völker, Berufe und Geschlechter anzuerkennen" (vgl. D'Ambrosio 2006, In: Spektrum der Wissenschaft S.9). In Zeiten einer globalisierten Welt sind es eben solche Überzeugungen und Einstellungen, die zu einem Gelingen von Integration und Partizipation beitragen.

BIBLIOGRAFIE

Spektrum der Wissenschaft Spezial, (2/2006):
Ethnomathematik. Spektrum Akademischer Verlag, Heidelberg

Ascher, Marcia (1991):
Ethnomathematics: A Multicultural View of Mathematical Ideas.
Brooks/Cole Publishing Co.,Pacific Grove.

Ascher, Marcia (1997):
Mathematics of the Incas. Code of the Quipu.
Dover Publications Inc., Mineola.

Beek, Angelika von der (2006):
„In Mathe war ich immer schlecht..." Teil 1. In: Betrifft Kinder. Das
Praxisjournal für ErzieherInnen, Eltern und GrundschullehrerInnen heute.
Heft 05/06, S.48-52

Beek, Angelika von der (2006):
„In Mathe war ich immer schlecht..." Teil 2. In: Betrifft Kinder. Das
Praxisjournal für ErzieherInnen, Eltern und GrundschullehrerInnen heute.
Heft 06-07/06, S.48-56

Dameck, Holger (2008):
Numerator: Rechnen wie die Azteken. In:
http://www.spiegel.de/wissenschaft/mensch/0,1518,545363,00.html (Zugriff: 05.04.08)

Gerdes, Paulus (1990):
Ethnogeometrie. Kulturanthropologische Beiträge zur Genese und
Didaktik der Geometrie. Franzbecker Verlag, Hildesheim.

Gerdes, Paulus (2001):
Ethnomathematik. Dargestellt am Beispiel der Sona Geometrie.
Spektrum Akademischer Verlag, Heidelberg.

Ginsburg, Herbert P., Opper, Sylvia (2004):
Piagets Theorie der geistigen Entwicklung. Klett-Cotta Verlag, Stuttgart.

Grüßing, Meike; Peter-Koop, Andrea (Hrsg.) (2006):
Die Entwicklung mathematischen Denkens in Kindergarten und
Grundschule: Beobachten – Fördern – Dokumentieren.
Mildenberger Verlag, Offenburg.

Hansen, Vagn Lundsgaard (2006):
Mathematik durch die Jahrtausende. In: http://www.mathematik.de/
mde/information/matheInGeschichteUndGegenwart/jahrtausende/ja
hrtausende.html#Einleitung   (Zugriff: 14.04.08)

Hoenisch, Nancy; Niggemeyer, Elisabeth (2004):
Mathe-Kings. Junge Kinder fassen Mathematik an. Verlag das Netz, Berlin.

Oliveras, Maria Luisa (1999):
Ethnomathematics and Mathematical Education. In:
http://www.emis.de/journals/ZDM/zdm993a1.pdf   (Zugriff:11.04.08)

Powell, Arthur B. (1997):
Ethnomathematics: Challenging Eurocentrism in Mathematics
Education. State University of New York, Albany.

Prediger, Susanne (2001):
Mathematiklernen als interkulturelles Lernen – Entwurf für einen
didaktischen Ansatz. In: http://www.math.uni-bremen.de/didaktik/
prediger/veroeff/01-jmd-preprint.pdf (Zugriff: 19.04.08)

Selin, Helaine (2000):
Mathematics across cultures: The history of non-western
mathematics. Springer Verlag, Dordrecht.

Zaslavsky, Claudia (1986):
Africa counts: Number and Pattern in African Culture.
Lawrence Hill Books.

INTERNETQUELLEN:

http://de.wikipedia.org/wiki/Ethnomathematik   (Zugriff:12.04.08)

http://de.wikipedia.org/wiki/Fibonacci-Folge   (Zugriff:12.04.08)

http://de.wikipedia.org/wiki/Geschichte_der_Mathematik   (Zugriff:12.04.08)

http://lexikon.meyers.de/index.php?title=Mathematik&oldid=281212 (Zugriff:21.08.08)

http://mathebuch.wordpress.com/   (Zugriff:19.04.08)

http://www.mathematik.de/spudema/spudema_beitraege/beitraege/stumpf/Wettbewerb_Spuren
%20der%20Mathematik.html   (Zugriff:13.04.08)

http://www.mpib-berlin.mpg.de/pisa/   (Zugriff:13.07.08)

http://www.sub.uni-
hamburg.de/opus/volltexte/1997/5/html/232(Ethnomathematik).html#Zurentwicklung
                                                                 (Zugriff:14.04.08)

http://www.zitate.de/ergebnisse.php?kategorie=&x=0&y=0&stichwort=vergangenheit&autor=
                                                                 (Zugriff:19.04.08)

BILDNACHWEISE:

Abbildung 1: Anne Kuhnert (27.08.2008)

Abbildung 2: Anne Kuhnert (31.08.2008)

Abbildung 3: Anne Kuhnert (27.08.2008)

Abbildung 4: Anne Kuhnert (27.08.2008)

Abbildung 5: Anne Kuhnert (01.06.2008)

ANLAGEN

- Handout

ALICE SALOMON
FACHHOCHSCHULE BERLIN
University of Applied Sciences

Hᴇʀᴋᴜɴꜰᴛ ᴅᴇʀ Mᴀᴛʜᴇᴍᴀᴛɪᴋ
Ethnomathematik

Versuch einer Definition:

- Fachrichtung der Mathematik, die (interdisziplinär) mathematische
  Konzepte/Operationen in ihrem kulturellen Kontext erforscht
- untersucht   z.B.　　　*Symbolisierung von Zahlen, Mengen, Verhältnissen,
  　　　　　　　　　　　　*Gliederung und Messung von Zeit und Raum,
  　　　　　　　　　　　　*andere auf mathematische Konzepte zurückführbare kognitive
  　　　　　　　　　　　　oder physische Praktiken wie Spiel, Tanz, Musik und rituelle
  　　　　　　　　　　　　Handlungen
- multikulturalistischer Ansatz (Gegenentwurf zu dem eurozentrischen, mathe-
  historischen Verständnis)
- in den 70er maßgeblich eingeführt durch Ubiratan D'Ambrosio:

> *„Ich kann mir deshalb vorstellen, dass es selbst im Bereich der Mathematik
> unterschiedliche Arten zu denken gibt. Wir sollten uns daher nicht auf die direkte
> Anwendung der Methoden beschränken, die gegenwärtig in Europa und Amerika
> als die besten gelten."* (U. D'Ambrosio, 2006)

Bezug zu der heutigen Arbeit in Kitas:

- Anforderungen an die Erzieher:
  offene Herangehensweise an Kinder und ihre individuelle Art mit Mathematik/der Welt
  umzugehen:

  - abgeleitet von jüdischer Dialogtradition: Es gibt nicht nur eine einzige Wahrheit!
    > Es gibt nicht nur eine einzige richtige Art Mathematik zu verstehen und damit
    umzugehen!

  - Kinder sollten durch ihre eigenen Erfahrungen einen individuellen Zugang zu
    Mathematik finden
    Bsp. Reggio: Reparatur eines Tischbeines
    (M. Castagnetti, V. Vecchi: *Schuh und Meter. Wie Kinder im Kindergarten lernen.* 2006)

> *„So wie es mehrere Religionen und mehrere Wertesysteme gibt,
> kann es auch mehr als eine Art und Weise geben, die Realität
> zu erklären, zu verstehen und in ein System zu integrieren."*
> (U. D'Ambrosio, 2006)